# TERRITOIRES FÉTICHES

# MARCEL LABINE

# Territoires fétiches

*poésie*

LES HERBES ROUGES

Éditions LES HERBES ROUGES
900, rue Ontario est
Montréal, Québec H2L 1P4
Téléphone: (514) 525-2811

Maquette de couverture: Claude Lafrance
Illustration de couverture: Christo, *The Running Fence* (photo de Wolfgang Volz)
Photo de l'auteur: Lucie Ménard

Photocomposition: Les Ateliers C.M. inc.

Distribution: Diffusion Dimedia inc.
539, boulevard Lebeau
Saint-Laurent, Québec H4N 1S2
Téléphone: (514) 336-3941; télex: 05-827543

Distique
17, rue Hoche, 92240 Malakoff, France
Téléphone: 46.55.42.14

Dépôt légal: troisième trimestre 1990
Bibliothèque nationale du Québec
Bibliothèque nationale du Canada

# Première avancée

*Il n'y avait aucune forme humaine près de lui, aucun son ne lui parvenait à travers l'espace.*

James JOYCE,
*Dedalus*

# 1

Au premier coup d'œil, c'est un paysage qui offre peu.
Nul fantasme, personne, rien; aucune mythologie si
ce n'est celle des murs dressés. Il n'y a là que de la
pierre. Les seules rumeurs, les seuls sons: ceux que
font des pas dans une terre humide. Aucune oreille
pour entendre. Ce n'est pas le lieu de la désolation mais
celui d'un combat qui avance à la vitesse de la ligne
tracée sur le sol et que des yeux, s'il y en avait, pour-
raient voir ou regarder. Puisqu'il n'y a ici que des murs
et des pas, la conduite la plus sûre est celle d'imaginer cet espace comme celui de la boue habituelle.

## 2

Devant les murs, le géomètre ne dispose que d'un seul outil. Cela ressemble à une tresse et rappelle à sa mémoire la chevelure d'une femme. S'il était devant des arbres, cela le guiderait telle une hache. Mais ici, avec ses plans, il n'y a pas de vivants. Seul règne le minerai, inanimé comme les statues. Le géomètre rêve à l'immobilité la plus parfaite et penche sa tête vers le socle de glaise. Ses deux mains pressent le compas qui avance seul sur le parchemin et le dessin qui se forme n'a pas de sens. Le géomètre est seul entre les pierres. Il ne réfléchit pas, il ne pense pas, il ne fait que s'étonner de l'ampleur des courbes, de la monstruosité du parcours que ses pas devront accomplir. Il imagine qu'un peu de lumière lui porterait secours mais il sait aussi que c'est de la nuit que viennent les secrets. Il sourit presque.

# 3

Il avance en saillie, tel un mineur aux galeries ou une taupe qui sait que la terre est froide. Il sent sous ses pieds les liquides échoués des parois. Le lieu suinte mais il ne parvient pas, malgré les papiers qu'il traîne avec lui, à juger de son identité. Est-ce une ville, un ventre, une bibliothèque, un temple, une légende? C'est sans importance puisqu'il est seul. Le géomètre construit de l'espace et du temps. Il ne se presse pas, il s'applique à ses gestes et à ses mouvements comme on le ferait s'il s'agissait de prendre au piège une bête qui tue. Il a dans ses déplacements l'étonnante assurance de celui qui sait que la mort sera ailée, hors de toute enceinte, au-dessus de la mer.

4

Son art est très ancien. En marchant, il lui arrivait de
se saisir d'une simple roche noire ou mate et, à l'aide
de petits instruments tranchants, métamorphoser la
matière en gracieux automates sans voix. L'entreprise
était vaine et il l'abandonna. Il cherche à présent un
projet de taille, quelque chose qui ressemblerait à une
passion et qui évoquerait en lui l'odeur d'une toison.
Pour cela, il lui faut marcher les mains vides, les yeux
fermés, le pas souple en dépit du territoire de glu où
il risquerait de s'enliser s'il s'arrêtait. Son art très
ancien lui sera inutile. C'est la hache, le fer de lance
ou l'épée et non le compas et les feuilles qu'il devrait
posséder comme unique bagage. Dans sa longue marche il s'en fabriquera à même la terre.

# 5

Le géomètre a un fils qui périra noyé. À l'instant où il s'approche du premier carrefour il ne sait rien encore de cette mort. À la jonction des murs, le géomètre croit entendre l'amorce des bruits du monde. Il s'en étonne. L'espace serait peuplé imagine-t-il et il s'inquiète un moment pour la suite de la marche. Doit-il prendre à gauche, à droite, devant? Le géomètre pense à son fils et il se dit qu'il ratissera tous les chemins. L'image d'un rituel sanglant se plaque sur les pierres. Il croit s'y reconnaître. D'une main, il tente d'en effacer les lignes mais il ne parvient qu'à ressentir la moiteur de la matière au creux de sa paume. Le géomètre sait alors qu'il est un père païen; il sait aussi qu'il n'échappera pas à ce qui s'écrit. Il croit maintenant que tout est en place.

6

Les bruits du monde sont lamentables: cris, meurtres, sacrifices, démembrement, corruption. Plongé dans le silence de son itinéraire, il sait qu'il n'y peut rien mais il avance dans la débauche du monde. C'est un luxe qu'il se donne, le dernier. Il songe à l'érosion des os, à la sécheresse des chevelures, à l'affaissement des visages et des ventres, aux muscles, aux têtes, aux crânes qui éclatent et résonnent comme des tambours de brousse, sans rythmes, désarticulés tels des fétiches assis. Le monde est plein de sonorités modernes, le monde porte des signes anciens que le géomètre griffonne avec ses plans. Il imagine utile la reconnaissance des lieux et de la matière même si, à la fin des couloirs, il lui faut tout jeter.

7

Il rêve parfois, adossé à une cloison, qu'il avance sans
art, guidé seulement par deux pieds qui, sous lui, mar-
tèlent le sol. Ce serait peut-être la façon la plus aisée
de quitter ce combat, de s'éclipser comme les astres.
Son rêve est de papier, friable comme ce qui crisse
sous le talon. Cela dure le temps qu'il faut pour repren-
dre son souffle. Haletant, il rêve que le monde respire et il en imagine l'haleine sous sa narine; mais
lorsqu'il ouvre les yeux, c'est une odeur d'acier et de
flamme qui lui entre aux poumons. Il respire la ferraille, le carbone du monde. Les mains vides, malgré
lui, ses pas le conduiront au creux de cet espace.

8

«TAISEZ-VOUS.» Ce n'est pas une voix, ce n'était pas vivant, cela venait des fissures entre les pierres, charrié à même les liquides qui perlent. Cela n'a pas de ton ni de timbre, comme les ordres qui s'imposent, seuls, et qu'on écoute, béat et ridicule, le dos courbé imitant la forme même de la soumission la plus parfaite. Personne ne parle entre les briques, les tombes ne disent rien: nul spectre. On sait que, sans force, presque doucement, on peut effacer n'importe quel mot, n'importe quel ordre. Rien n'oblige à l'acquiescement. Alors, on parle, la langue bien en bouche, rose et végétale dans le plus apparent désordre, dans le plus bel écartèlement des origines comme l'animal contorsionné au bout de l'hameçon.

# 9

Il a fait une saillie, là, sur la feuille qu'il s'empressait
de dérouler — un peu de lumière lui porterait secours * p. 12
— sur la terre humide. De près, il examine le trajet
qu'il lui reste à accomplir. Il comprend maintenant
qu'il lui faut pencher la tête dans un angle précis pour
observer distinctement l'architecture du monde. Il sait
qu'il est sans carte, qu'il n'y a pas de pôles, que le
compas, tel un totem aux jambes écartées, ne fait
qu'indiquer le lieu de l'arrêt. Il songe que le bonheur
serait peut-être d'enfermer au milieu de ses dessins,
l'image d'une bête cornue et blanche, sans âge.
Comme le faisaient Mercator, Colomb ou Cartier, au
hasard, il pointe l'un de ses doigts sur trois lignes courbes. Les yeux fermés, il fait des rêves d'eau noire.
Au premier carrefour, il se surprend à fredonner un
air de musique: il navigue presque.

La boue couvre tout. On pourrait croire à des ruines,
à des villes récentes, peuplées de cadavres rasés et bot-
tés. La boue empêche toute oreille d'entendre la moindre musique, la moindre parole, le moindre mot. La
boue fait silence autour du géomètre. Dans la solitude
de cet espace sans rêve, le géomètre marche patiemment. La boue le sépare, elle lui colle aux yeux et aux
mains, elle dégoutte. Elle règne. Le géomètre sait qu'il
n'y a là aucun reflet, aucune histoire. Le monde est
uniforme, lisse et froid comme les parois d'une
caverne. Dans sa tête, le géomètre imagine que la boue
occupe le territoire comme un fétiche.

11

Le géomètre est accroupi. Il porte à sa bouche sa main
droite tachée de terre et il goûte, dans cette posture
qui lui rappelle l'ancêtre effacé, ce qui le lie à ce lieu.
La terre glisse entre ses dents et fait le tour de sa langue. Une fadeur singulière l'habite, si bien qu'il crache violemment l'humeur du sol. De sa main gauche,
paume ouverte, il sonde la solidité des pierres. Il
avance. Il avance inconfortable et vacillant, genoux
au menton, coudes aux chevilles. Il n'est plus qu'une
forme ovale et primitive qui construit dans sa tête la
plus calme des prisons, le plus curieux cachot. Cela
vaut bien la mer, cela vaut bien l'espace au-dessus de
son crâne croit-il. Il laisse derrière lui ses plans chif-
fonnés.

12

Jambes écartées, le géomètre se déplie. Si des yeux pouvaient le voir, on croirait qu'il a dans son regard l'éclat des héros tragiques. Mais le géomètre ne sait rien des territoires fétiches. Tout au plus a-t-il le sentiment de naviguer sur des crêtes mobiles où le paysage n'offre pas encore les contours certains qui font que l'espace se peuple. Il entend les bruits du monde et, de loin, cela ressemble au cri d'une bête qu'on égorge. Nulle musique ici, si ce n'est la ritournelle que le géomètre fredonne comme un chant funèbre qui lui fait accélérer le pas. Haletant, d'un couloir à l'autre, il enfile l'air qui le frappe au visage. Une odeur de sang se mêle à celle de la ferraille. Les yeux fermés, le géomètre rêve du vent d'une toison, d'une chevelure.

## 13

Jamais le géomètre ne regarde derrière lui. Il est sans passé, sans histoire. Depuis toujours il marche au massacre, aux actes grandioses et dérisoires. Il va dans la débauche du monde comme aux cérémonies anciennes. Au fond du crâne, il imagine une scène où ses muscles drapés de noir font gémir les foules. Mais ici, les narines pleines des odeurs de la terre, il n'y a personne. Il imagine près de lui le corps ondulant et nu d'une femme; il songe au meurtre blanc de la bête cornue; il rêve à un palais de glaces, au miroitement de ses récits qui traversent les siècles; il croit recommencer l'Histoire. Le géomètre dégénère plus qu'il n'avance. Il mystifie plus qu'il n'éclaire.

Il y a devant lui des violences barbares, des devoirs. Il sait que ce qui vit lui coule entre les doigts comme le sable des déserts. Il s'acharne sur les choses et, toute raison disparue, il construit machinalement, tel un automate, le parcours de son propre retour. Il ne sera pas un héros de légende, celui qui pourrait, au milieu de l'enchevêtrement des lignes que ses pas laisseraient dans la boue, tuer la bête blanche, le grand bœuf osseux. Ce qu'il fera sera sans nom, sans âme, anonyme. Souriant, fredonnant, il sait qu'on ne peut naviguer dans des couloirs de grès. Alors, il songe à Ulysse et comprend à présent qu'Ithaque n'existera que dans des livres reliés. Il a la certitude qu'il écrira peu.

Son pays est un fétiche, comme tous les territoires, tous les drapeaux. Le géomètre est sans bannière, sans cadastre. Il n'a pour avancer que deux jambes qui le soutiennent avec peine; pour penser, que le fond de son crâne qui cogne sur une peau tendue. Vêtu de la sorte, il se tient debout au milieu de la première chambre, prêt et décidé à quitter pour un temps le rivage de pierre. Il songe au dernier luxe, à celui des chairs et des sexes rêvés, à l'abandon des arbres dans le bleu du ciel. Il pense aux corps qui vivent quand il n'y a plus de boue. Il sait que c'est ainsi qu'on peut tuer la bête et alors tout jeter.

# Deuxième avancée

*La patience du corps, c'est déjà et encore la pensée.*

Maurice BLANCHOT,
*L'écriture du désastre*

1

Tu avances dans un lit. Tu rampes, tu sues sous des caresses rouges et l'odeur des liquides salés te guide entre les membres où tu ne reconnais rien de tes os. Une main de femme passe entre tes fesses et appuie avec douceur sur tes poils qui s'étirent. Tu souris parce qu'il n'y a ici que des chairs en désordre, que quelques formes rondes. Tu songes un moment que la terre est génitale et que l'architecture du monde bascule près des épaules. Les têtes sont hors du lit, de l'enceinte, comme un couple décapité. La scène est un plateau entre tes souffles et tes cris. Il n'y a plus de pôles, rien ne gravite plus si ce n'est tes deux mains autour des seins gonflés. Avec ta bouche, tu articules des sons de gorge qu'aucune langue ne comprend, qu'aucune phrase n'achève comme si tous les dictionnaires venaient de se fermer à jamais. Tu cherches le fil comme un cheveu sous la langue.

2

Entre deux respirations, sous les draps, tu examines
le châle qui tantôt glissait des hanches frileuses. Les
tresses de laine ont gardé en elles l'écho de l'animal.
Avec tes mains, tu lisses le triangle et tes doigts se
prennent dans les multiples trous du travail. Tu imagines alors la patience qu'il faut pour abolir de la sorte
le commencement et la fin des choses car tu sais bien
que sous tes paumes il n'y a ni envers, ni endroit, que
tout est réversible dans le plus parfait échange de la
matière. Une jambe de femme glisse lentement entre
les mailles ovales, vient frôler ta joue, et ta langue
comme une mauvaise herbe sous le vent lèche les pores
de la cheville au genou, telle une barque ancienne sur
des crêtes salées, voile et coque abandonnées aux
courants sous-marins. «Mercator, Mercator», gémis-
tu quand au loin une cuisse apparaît.

# 3

Le tumulte est dans ta tête aussi bien qu'au ventre; il fait des poches sous les yeux, du mauve de maquillage comme des veines éclatées sous les masques fossiles. Des ongles de femme tracent dans ton dos des sillons qui ondulent comme une mélodie portée par l'air du lieu. Cela ressemble à de vastes jardins d'abbaye bordés d'arbres feuillus. Le torse buriné, tu repenses à la taupe recluse dans la froideur du sol, aux liquides, aux ailes au-dessus de la mer qui repoussent la mort à chaque battement. L'espace est végétal et claque sur tes os qui traînent dans ton lit; l'espace a les limites précises des fétiches allongés. Tu seras sans repos, nu et accompagné dans la moelle, dans le siècle, d'une femme qui porte en ses mains un dévidoir de bois. Voilà ce qu'elle te montre contre la débauche, contre les bruits du monde.

4

À la hauteur des reins, deux cuisses de femme forment comme un anneau et tu sens sur ton ventre des
poils qui s'agitent tels des chevaux de corrida faisant
panache. Entre tes cils tu vois distinctement la sou-
plesse des muscles et tu te dis qu'il n'y a là nul combat, nulle mise à mort, nul crâne chauve. Tu flaires
dans cette scène le rythme de la horde et de la cara-
vane. Les mains vides, toute tête disparue, tu flottes
comme les cargos de l'Arctique. Entre le sable et les
glaciers, tes hanches fléchissent et s'ameutent dans la
doublure des chairs. Tu es sans guide, sans art mais
la certitude demeure en toi que les douleurs du monde
se délestent ainsi, dans des postures baroques, loin des
foules meurtrières, dans des étourdissements qui con-
solent des cris, des folies et des gestes de la barbarie.

## 5

Un visage de femme peuple le creux de tes paumes.
Il ne réclame rien, il est sans loi, sans famille. Il pose
avec lenteur un regard étonné sur tes mâchoires ten-
dues comme si soudain ta tête emprisonnait en elle les
rites les plus sauvages. Au fil des jours tu laisseras
loin de toi, sur des rivages de pierre, les vieilles mythologies, celles qui détruisent ta marche, celles qui cou-
pent les fils. Le passé ne sert à rien; tout au plus
encombre-t-il la mémoire et rend-il coupable. Le visage
d'une femme te regarde longuement comme s'il atten-
dait avec une patience sans mesure que tu lâches, que
tu oublies les territoires fétiches, la ferraille et le sang
plaqué aux murs. Il te faudra apprendre, visage bien
en main, bras et jambes confondus dans la moiteur des
draps, à devenir païen.

## 6

Tes mains vont aux aisselles, aux épaules puis aux reins. Tu sens sous tes doigts l'empreinte des artères. Cela te fait penser aux cartes de Colomb, à ces côtes longées pour enfermer le monde et le représenter dans tout son littoral. Tu navigues sur un dos, imagines-tu. Le nez dans une nuque, les yeux fermés, tu arpentes l'espace inouï qui va des tresses aux talons. Tu es sans armes, amnésique au moindre geste héroïque. L'étreinte n'est ici que l'exacte jointure de la matière qui lutte pour elle-même, isolée et vivante, loin des hurlements de bêtes. Tu vis à l'Équateur où il n'y a que la brousse qui rend aux chairs animales la respiration lente des débuts du continent. *"Water music, Water music"* prononce une bouche de femme collée à ton oreille comme s'il y avait une origine à l'avancée dans un lit.

7

Des ongles de femme touchent une à une tes vertè-
bres en saillie et tu frissonnes comme si soudain tu
te retrouvais nu sur les banquises du Nord. Une onde
t'a fait tressaillir. Cela ressemble au jour de ta nais-
sance, rouge et vociférant dans la clarté des choses.
Mais ici, tu es sans voix. Tu trembles tels les arbres
sous le coup de la hache, telles les peaux de tambours
au milieu des tropiques. Il y a dans ton échine, sous
la promenade des ongles, l'harmonie des musiques qui
résonnent au tympan. Tu n'es qu'une conque, que cet
espace creux qui se moule aux rumeurs du dehors. Tu
oscilles et tu vibres comme les vitraux de palais quand
passe le sabot des bêtes. Tu es sans âme, tu n'es qu'un
lobe que des lèvres viennent lécher, que des dents viennent mordre tout à coup. Tu n'es parfaitement qu'un
effet de la langue.

8

«SOUMETTEZ-VOUS.» Voilà ce qui vient cogner à l'oreille désertée. Mais rien n'oblige à l'acquiescement. Contre les bruits du dehors, on a sa peau étalée, ses muscles mous. On a le dévidoir de bois qui au gré des caresses déroule derrière lui tout l'intérieur du crâne. On a aussi cette chose issue de l'animal, intacte, préservée comme les livres rares. On est quelque part dans la géométrie du monde, dans les plis d'une carte, dans ceux d'un ventre rond. On est là, évident comme une tribu au pagne relevé qui montre à l'herbe verte son sexe multicolore, qui rythme des chants païens au plus creux de la brousse. Décapité depuis les origines, on avance avec les mains, avec les pieds, avec le souffle des poumons dans les nuques affolées. On est sans tatouage. Ici, il n'y a pas plus nu et desséché que le cadavre des chefs.

9

Un ventre de femme, avec au centre comme une amulette d'ancêtre, te rappelle les premières violences, celles des couteaux d'acier d'où gicle le sang chaud, celles
des têtes allongées qui collent aux parois. Lentement,
ton regard s'enfouit dans cette spirale. Tu crois per-
cevoir les plis de l'origine, comme un nœud dans la
peau qui tient le corps ensemble, comme un rite, une
cérémonie du monde. Quand enfin tu touches la cica-
trice, te voilà retourné au creux des océans tels les plan-
tes marines et les vieux crustacés. Tu sens alors, à
l'extrémité de ta langue, toute la matière hybride où
le genre des sexes se tresse méconnaissable. L'écho
du monde est là dans l'épiderme, dans le nacre et seul
règne à présent ce qui vit dans ta bouche, te montrant
le parcours pour sortir de la nuit et des meurtres les
plus fous. Avec ta langue, tu t'éloignes des maléfices.

10

Tu songes au couple décapité comme les coqs que l'on égorge pour la fête, comme les bêtes que l'on cuit à la braise, avec leur peau et leurs viscères. Tu penses à la tribu, à l'hystérie de son chant. Tu sais maintenant que c'est avec les dents, avec la voix que le territoire se peuple. Tu t'éclipses de cette ronde guerrière, tu te replies entre les mailles du châle sous tes poils et les caresses. Tu t'enroules dans le fil de soie que deux mains de femme montent jusqu'à tes yeux comme s'il s'agissait d'une chevelure. Tu sais que c'est ainsi que l'on peut avancer dans la ferraille, dans le carbone, avec sur ses épaules, une double toison qui fait glisser loin de l'enceinte les passions criminelles. Tu n'as pas besoin d'âme ni de fer de lance. Il ne te faut que perdre doucement la tête comme l'équipage des navires sur le point d'accoster dans le désordre et dans les rires à cause du soleil.

11

Ton art ne te guide plus à présent. Les pôles ont dis-
paru. Il n'y a maintenant que la respiration lente d'une
femme qui parle. Dans sa bouche, tu vois qu'elle
reconnaît l'odeur de la bête cornue et blanche recluse
au fond des couloirs de pierres. Elle ouvre son récit,
elle te le raconte, le faisant graviter autour de ton oreille
comme une infinie passion. Son récit parle des liquides et des huiles répandues sur tes mains, des masques mauves plaqués à ton visage, des parures et des
ruses pour détourner la bête et éviter la mort. Tu
t'accrocheras au fil de son histoire et en répéteras tous
les mots comme on le fait dans les comptines qui disent,
à la fin, le rôle assigné pour la suite du jeu. Tu sais
que c'est de là que sort le secret. Tu attends, narines
et bouche ouvertes, qu'elle cligne des yeux.

12

Tu fermes les paupières et, paumes ouvertes le long
de tes hanches, tu guettes la métamorphose. Tu attends
ce moment où l'on ne reconnaît plus rien de sa langue
ni de la tribu. Tu souhaites, comme le dernier des
luxes, que le réel si proche bascule dans les mers
comme les déchets qu'on jette aux grands oiseaux
criards qui se battent entre eux. Tu vois cette lutte sans
fin, cette mythologie de mort, tous ces bruits où l'on
compte les cadavres comme autant de trophées. Tu
souhaites le désert, la banquise, la brousse, n'importe
quel lieu soustrait aux rituels. Ton désir est païen, inhu-
main, végétal. Il est là, dans un lit, près d'une femme
qui connaît les visages multiples des fétiches que ses
lèvres récitent à voix basse. Tu te penches vers elle
afin de tout entendre de cet écho du monde.

13

Cinq doigts de femme se referment lentement sur le dévidoir de bois. On dirait une statuette ou un jouet d'enfant d'un autre siècle qu'elle tiendrait en rêvant. Tu devines, malgré l'ombre projetée par son genou replié, qu'un dernier brin de chanvre y est toujours lové. Tu repenses au pagne de la tribu, à ses danses, à ses rythmes insensés, aux transes des vieux chefs. Mais ici, dans un lit, près de cette femme, la mort, pour un temps, te semble aussi lointaine que les rives du monde atteintes par Colomb. La mort est impensable comme la brousse ou la banquise. Vous veillez tous les deux, vous préservez, à même votre haleine aux odeurs de sel, vos pratiques païennes, celles qui dans l'étreinte ne font pas autre chose que de rire très fort pour que vos cris et vos éclats abattent les totems. Vous veillez contre.

## 14

Deux yeux de femme se posent sur toi. Tu aperçois
au fond des pupilles dilatées ton image réduite et inver-
sée comme une miniature. Quand les cils descendent
et remontent, cela ressemble à un rideau de scène derrière lequel tu attendrais le moment du spectacle
comme le comédien devant la foule assise. Tu es là,
au creux de l'œil, minuscule et silencieux. Muet. Tu
répètes dans ta tête les phrases qu'elle t'a apprises,
celles qui parlent du bœuf, du frère à moitié et des
étranglements dans la salle de pierre; celles qui racon-
tent les légendes, le secret qu'elle n'a dit à personne.
Pendant que tu te déplies et que tes muscles retrou-
vent leur place sur tes os, tu écoutes cette langue et
tu frissonnes à l'idée du parcours qui s'étale devant
toi comme le sable et les glaciers.

15

Au sortir du lit, dans l'air chaud monté des draps, tes cuisses font comme les algues et les méduses. Tu te tiens dans l'espace qui tangue, tu te souviens des barques de Mercator, de la seiche et du calmar qui baignent dans l'encre pour confondre leur forme aux courants sous-marins. Tu flottes dans l'obscurité de l'espèce. Tu es présent dans la carte du monde; anonyme, silencieux, haletant quand les bruits et les grognements des matières vivantes traversent les parois et se concentrent comme un amas de chair sous ton maigre thorax. Il n'y a là nul présage, nul augure. Il n'y a là que ce qui vient frapper à une porte close et qui se dresse telle la bête bavant de rage, toutes dents dehors, impatiente de te broyer les os. Sous ta toison, sous ton châle aux triangles tressés, tu avances et tu ouvres.

# Troisième avancée

*Toutes les légendes évoluent et les élans
se ruent dans les bourgs.*

Arthur RIMBAUD,
*Les illuminations*

# 1

Adossé à la brique des murs, derrière les arcades où
scintille le rêve des machines de chrome, je regarde
quelqu'un vomir sur ses souliers. Quand il lève la tête,
je vois des cernes mauves sur une peau si fine qu'on
dirait du papier. Cet homme a les lèvres tremblantes
comme les plongeurs d'huîtres qui remontent trop vite
des profondeurs du large. Il serre sous son bras gauche un vieux livre écorné pendant que de ses mains
s'échappe une seringue. Je m'approche de lui et replace
l'objet dans le creux de ses paumes. L'homme hoquette
violemment, me regarde sans me voir et murmure soudain: «Je m'appelle Quequeg, je m'appelle Ismaël, je
suis le fils sans tête du capitaine Achab, je harponne
les baleines et je bois de leur sang.» Lorsqu'il s'effondre dans la suie, dans les cartons humides, les déchets
emballés et la boue du matin, je tourne les talons et
je le laisse seul.

## 2

En face de moi, de l'autre côté de la rue détrempée et luisante comme la glaise, une troupe bottée, rasée, avec un peu partout des chaînes de métal et des couteaux brillants, admire en criant une immense murale. Il y a là, accrochés, des crânes qui grimacent, des toiles déchirées comme après les grands vents, des plaques d'acier rouillées et tordues sous les flammes, des taches couleur fluo en forme de triangles qui sont des yeux sans cils aux pupilles crevées. Cette masse immobile exhale le carbone pendant qu'au sol, certains se frappent la tête, déchirent leurs vêtements. On montre son majeur au passant qui s'éloigne, on crache dans les vitrines qui annoncent leurs soldes. On s'embrasse en hurlant, on agrippe des fesses. On balance les bras comme s'il y avait au bout des câbles qui montaient dans le bleu, dans les airs. On danse, on est au carnaval. Quelque part une voix vocifère: *"Monsters are back in town."*

# 3

Immobile et tenant d'une main la rampe de vinyle noir,
je descends lentement sous les rues, sous la terre. Au
bas des marches, quelqu'un tient dans ses mains un
instrument ancien dont les sons en écho résonnent
comme au cloître. C'est un chant populaire qui parle
des saisons, de la mort, des amours. Ces légendes
mythiques lavent les cerveaux encombrés de malheur,
de folie et de crimes. Des gens font demi-cercle devant
cette attraction. Certains lancent par terre des pièces
de monnaie et sourient l'air hagard, l'œil humide, tête
oblique. C'est l'oubli, les yeux clos, de la débauche
du monde; c'est le calme trompeur avec, dans son dos,
les portes guillotines qui claquent avec fracas, et les
roues sur les rails emportant avec elles les cadavres
aplatis qui bondissent des quais. J'accélère le pas quand
la mélodie cesse, trouve un banc isolé, loin des bruits,
des rumeurs et je tourne les pages de n'importe quel
livre.

4

J'avance dans un terrain vague. Aux environs, il y a des pyramides d'acier et des flaques d'eau morte, de grands buildings roses où miroitent des nuages, des entrepôts défaits d'où s'échappent des cris. Près d'un baril qui flambe, une bande baroque, assise comme dans la brousse, martèle de son poing l'herbe jaunie du sol jonché de vieux papiers et de rebuts divers. La bande fait un anneau autour de ce feu qui respire le mazout, le pétrole et la suie. On frappe en silence et on se déshabille. On écarte les jambes, on expose son sexe. On trace sur les peaux des signes qui rappellent les fétiches qu'on voit sur les écrans géants dans les salles bondées. On monte le spectacle des païens de ce siècle. Je me tiens à l'écart de ces rites inouïs où l'art du religieux suinte par tous les pores comme lorsque d'un coup, au milieu de l'arène, le taureau noir s'effondre, l'épée dans son échine, quand la foule est debout.

5

Les images du monde éclatent sur l'écran où des filles prépubères et des hommes luisants s'offrent en cinq minutes aux yeux les plus mouillés. Les cerveaux se déhanchent. Les bassins en gros plans deviennent illisibles. Les paroles sans langue résonnent dans le vide comme dans des coquilles que les marées enfouissent sous le sable des plages. Le réel se construit au rythme des coups de reins pendant que la musique colle aux tympans des sourds. C'est la horde sauvage qui s'étale devant moi avec des échancrures révélant les *tattoos* et l'emprise des chefs. C'est la tribu béate drapée de polymère, maquillée jusqu'au cou, toutes surfaces dehors. C'est le luxe parfait exilé de la bête, de l'animal qui nage dans le silence des vagues. Il n'y a devant moi qu'une masse excitée de taches lumineuses, luttant contre la mort en élans dérisoires, loin des pulsions, loin des hauts-fonds. Lentement, je détourne la tête et d'un seul doigt je mets fin à la représentation.

# 6

Les alcools coulent à flots sous les projecteurs bleus et des corps essoufflés se dénudent sans fin. L'espace est plein de sonorités modernes qui pansent les malheurs dans des étreintes imaginaires, toutes refoulées au fond des pantalons. Rien ne bouge si ce n'est quelques culs de tous sexes s'exhibant pour la mort et pour les gros pourboires. C'est la purge consentie des têtes qui s'érodent dans des spectacles crus où n'existe aucun livre. J'assiste en silence à ce mime théâtral. La tristesse des chairs se lit au fond des verres, dans les cernes sur les tables, dans les cendriers pleins. Ici, le monde tourne sur lui-même et s'affaisse par terre, ivre des plaisirs que donnent les fétiches. On applaudit très fort aux grandes contorsions, à ces ballets tressés à même la matière. Au passage, en désespoir de cause, on attrape un talon comme s'il s'agissait d'une relique précieuse.

7

Autour de la table, des bouches édentées mâchent en cadence des viandes défraîchies. On mastique sans fin, le nez dans son assiette, pendant que des odeurs d'urine montent des vêtements tachés de suie. Les têtes sont brûlées. Les haleines chargées d'alcools frelatés font surgir dans mon dos des frissons qui s'étirent jusqu'au bout de mes doigts. Des couteaux s'entrechoquent, des cafés se répandent entre des mains tremblantes et des corps qui oscillent. Les bruits du monde sont immédiats. Les bruits du monde sont sans livres et sans poèmes. Il n'y a pas de rites, il n'y a pas de signes. Il n'y a que cette conque au plafond décrépit, cette salle humide où, assis parmi d'autres, je repousse la mort avec les mâchoires, sans raisons évidentes. Coude à coude, sans lutte ni combat ni visage, dans le silence et l'anonymat, les pensées disparaissent au plus creux de la biologie.

•

«JETEZ TOUT.» On se déleste alors de ses habits et de ses plumes. On se retrouve nu, sans slogan, sans cadastre avec des dictionnaires aux couvertures glacées qu'aucun doigt n'a encore caressées dans le fil. On acquiesce à présent à l'unique injonction qui vide les cargos pour mieux les alléger de la débauche du monde et des cérémonies où le sens, comme un monstre, fabrique des idoles. Le réel recommence au plus creux de la brousse, païen et végétal, loin des mythologies et des vieilles légendes. Le réel s'abat comme la hache sur l'écorce, sonore et froide entre les paumes. On avance, on dévide. Pendant qu'au bout de la langue des mots se contorsionnent, le réel continue davantage chaque jour peu importe les sexes, les couples, les familles, peu importe les formes de la belle écriture, des poèmes qui repensent des cultures entières ou plus modestement des jouissances infinies. Sans image, sans totem, le silence des choses colle au territoire.

# 9

Seul, je regarde la troupe qui s'approche couteaux entre les dents. Elle marche, dérisoire comme le bœuf à la cape dans des rêves qui s'essoufflent sur le sable aux sabots. On poignarde, on égorge sur les boulevards, la nuit. On écrit sur les murs, on saccage et on pille. La troupe signe son texte sous les lampes halogènes, dans les rues, les impasses, dans les caves où les livres ne servent plus à rien. Le sens n'en finit plus d'encombrer les espaces, d'ériger près des corps les cachots, les asiles. Le sens et sa terreur s'avancent d'un seul pas. Ils ont pris, dans la nuit, la forme de cernes mauves autour des yeux d'aveugles, sur des visages pâles et osseux comme un crâne. Dans cette ville réelle où j'écris dans ma tête, le sens a les allures d'un vieux pantin qui tue.

10

Sur un mur de pierre entourant des cachots, quelqu'un a dessiné, à la craie, une forme ovale qui rappelle vaguement une bête marine. L'animal est aveugle. De profil, dans son œil, une multitude de traits font penser à des lances piquées dans la pupille. La gueule est grande ouverte et j'imagine le cri qui en sortirait si la bête vivait. De son dos s'échappe une série de lignes hachurées qui retombent en courbe comme un jet de fontaine. À la base du mur, là où le minerai rejoint l'herbe du sol, cinq triangles imitent parfaitement la voile de la barque. Quand je penche la tête, j'aperçois à mes pieds, dans le gravier humide et la boue du matin, quelques mots griffonnés à la hâte. C'est une seule phrase, c'est une signature laissée là, sous le pas des passants pour qu'ils voient en marchant que le réel existe comme un souffle lancé contre le bleu du ciel.

11

Ici, près du mur dessiné, il n'y a personne. Rien ne vit. Il n'y a que les choses qui durent dans l'immédiat du temps qu'il fait. Les phrases dans ma tête n'ont pas plus de poids que la poussière levée de mes talons par terre. Il n'y a pas d'histoire, il n'y a pas d'intrigue. Tous les mots sont des bulles que des enfants agitent au bout d'un anneau plat et qui crèvent sans bruit dans l'oxyde, dans les airs. Les mots sont transparents et viennent s'effondrer sur le béton mouillé. Le silence des choses ressemble à celui qui habite les lieux quand on veille le cadavre des chefs de la tribu, quand dans la cathédrale, les vitraux sont muets, immobiles et sacrés. La mort, à cet instant, a la forme des rosaces, de l'art millénaire. Dans ma bouche, les mots résonnent au palais pour que dans leurs rondeurs ils se métamorphosent en petits signes opaques, durs et secs au papier.

12

Contre les formes de la tribu, contre l'hystérie de la danse et des chants guerriers qui peuplent le territoire, j'ai toujours la mémoire des animaux marins, de leur nage parmi les algues noires. J'ai l'écho des baleines qui poussent des cris que l'on ne comprend pas sous les masses d'eau salée. Je troque les murs et les couloirs pour les espaces étals, les vagues et les vaisseaux. Je pense à Colomb, Mercator et Cartier, aux tropiques, aux banquises, aux cartes du réel déformées comme deux lobes sur lesquelles un compas essaie, avec science, de transcrire des contours plus justes que nature. Le monde est un rouleau que des navigateurs tiennent sous leurs bras. Il tourne sur lui-même dans l'aplat exotique de la représentation où des fictions de mort, de peur et de légendes maquillent à jamais sa présence immédiate.

## 13

Je ne découvre rien. Je repasse sans cesse devant les mêmes têtes. Les voix se multiplient mais se répètent sans fin. Elles ont fui les viscères, les odeurs animales, celles qui sans totem persistent sous le vent, jusqu'au loin, dans la brousse. Les boulevards ont été foulés à tout jamais. Tous les morts sont comptés. On fabrique des images comme autant de fétiches, dans des automatismes à rabais, pour pas cher. Des spectacles de langues, comme une marchandise, remplissent les vitrines où scintille le rêve d'une mort impossible. On oublie de mourir et on se tient debout: pétrifié, inodore, euphorique et grégaire. C'est le grand carnaval des cadavres embaumés qui résistent au temps avec, dans la poche, son cerveau desséché. On encombre l'espace de signes dérisoires pendant que dans la bouche, de la terre colle aux dents.

14

La bête hybride, osseuse et blanche, se tient là, devant
moi, au milieu de la salle. Elle appelle au combat, à
la lutte et au sang. Les légendes anciennes finissent
aux abattoirs, dans des caillots noircis qui se mêlent
au sable quand un ventre est ouvert et la gorge tran-
chée. Je m'éloigne de cette voix, de ce cri pour le sens.
Je tourne les talons et m'en remets encore aux formes
du réel qui ne signifient rien. Je ne découvre pas. Je
laisse les outils, les compas, les épées, toutes les pano-
plies accrochées à la pierre. Je choisis les rumeurs,
les odeurs animales, le luxe végétal tout autant que
la langue où miroite sans cesse l'herbe étale au soleil.
Des marins y accostent, de l'eau jusqu'à la taille et
je songe déjà aux récits, aux histoires quand je retour-
nerai sur mes pas, sur la mer.

## 15

Dans cette ville, les mots se retournent sur eux-mêmes comme autant de débris dans la pluie du matin. La nature se répète. La horde recommence et persiste, rasée, dans des symboles usés. Je quitte pour toujours cet espace vieilli qui refoule le païen au plus creux de la brousse. Je retourne dans un lit. J'avance dans les miroirs où les images qu'on voit n'éclairent qu'elles-mêmes comme dans les hauts-fonds où des races colorées nagent dans tous les sens, sans chefs, sans tatouages. J'avance en chantant un air de musique semblable aux comptines qui me faisaient bondir d'une case à une autre. J'avance pour le jeu, sur une jambe, sur les deux, dessiné à la craie, chiffré, codé, rythmé. J'avance dans la mémoire comme dans un dictionnaire où les textes sont là, par ordre alphabétique. Je m'avance dans la langue avec, au bout des doigts, un fil dévidé. Je laisse mourir seule une bête qui hurle.

# Quatrième avancée

*on a tant dit*
*écrire pourtant ne ressemble à rien*
*ni avènement ni disparition*
*voilà pourquoi il importe d'établir avec précision*
*le volume de chaque nuit*

Normand de BELLEFEUILLE,
*Heureusement, ici il y a la guerre*

1

Près du lit, sur la table de chevet, il y a des livres empilés les uns sur les autres. Malgré l'obscurité de la nuit
qui ne finit pas encore, tes yeux tentent de reconnaître les titres sur le dos. Dans le noir tu sens se dilater
tes pupilles même si seul un filet de lumière glisse sous
la porte de la chambre. Tu fixes les lettres, une à une,
comme un enfant qui apprend à lire. Tu voudrais
t'approcher pour mieux voir, pour tendre la main vers
elles. Des mots se forment, inversés, de la droite vers
la gauche et tu te souviens soudain du miroir de Venise
appuyé contre le mur parallèle à tes membres. Tu parcours les fictions réversibles qui parlent des retours
après de longs voyages où les bêtes marines et les
monstres anciens assaillent les équipages jusque dans
leurs récits. Tu as bougé et de la sorte, tes os ont fait
se déplacer le corps nu de la femme étendue près de
toi. En se retournant, sa main vient se poser doucement sur ton ventre et glisse comme un vent lentement
sur ton sexe.

## 2

Sur le tapis, tu devines le châle de laine. Il est presque sous le lit, tel l'animal terré après une longue marche parmi les feuilles humides. Il est là, comme une forme ovale, répétant ce que depuis toujours sa race a accompli. C'est une chose inerte qui garde dans ses fibres la mémoire des tribus. Au plus creux de la nuit, ton bras gauche se déplie et ta paume rejoint cette matière compacte encore chaude des membres et des caresses de jambes. Tu sais à ce moment que tu tiens quelque chose, que tes doigts et ta main toute entière s'enfoncent dans les fils qui dessinent le rivage des mers avec les couleurs des cartes de Mercator. Tu navigues immobile. Ici, nulle crête si ce n'est celle d'un drap sur deux peaux allongées; nulle autre vague que celle des poitrines soulevées par leur souffle. Il y a dans cette chambre si peu de lumière que les yeux ne servent plus à déchiffrer l'espace.

3

Depuis que tu as quitté les rues, que tu es retourné
sur tes pas, le monde est devenu une carte marine qui
montre les courants et le silence des choses. La débauche est lointaine. Les bruits de la ferraille et la suie
du carbone ne sont plus maintenant que des images
mortes. Tu es ici, avec une femme, dans la moelle du
siècle, loin du tumulte et de l'émeute, au milieu de
la brousse. À présent, il n'y a plus de bête; il n'y a
qu'une odeur d'animal qui circule partout et le feuil-
lage vert à l'ombre des fougères. Dans le calme de
ta chambre, où seul un miroir reflète quelque chose,
tes deux poumons compriment l'humidité de l'air
comme s'il s'agissait, pour une dernière fois, de con-
server en toi de la matière qui vit. Il fait noir, te dis-
tu, il fait noir comme au début de l'univers. Délesté
des fétiches et des légendes anciennes, tu respires pendant que sur les peaux la sueur perle toujours.

4

Dehors, dans les rues, les ruelles, sur les places publiques, les choses du réel s'exhibent dans une langue qui marchande son sens à n'importe quel prix. Tu songes à l'étalage de la mort qui s'ignore, aux organes qu'on cache dans la honte refoulée, aux bruits de bouches occupées, sur les dents, à faire tinter son verre devant de grandes glaces où des têtes alignées contemplent leur image comme autant de totems qu'on vénère à jamais. Rien n'a lieu si ce n'est la persistance du vide qui est là, très réelle, entre chacun des os. Ici, tout est séparé malgré les éclairages et les flots de lumière. Les spots et les watts illuminent gratis l'épiderme des gens. Du fin fond de ta chambre tu te dis que l'espace est absolument visible.

## 5

Tu sais qu'on ne devient pas païen comme on retire
un vêtement démodé ou comme on change les draps.
Cela ne se consomme pas, ne se troque pas, tu le devines aussi. Cela se fait de la même manière qu'on
dépiaute les bêtes, avec des gestes lents pour que chacun des muscles si soudain exposé luise à la clarté du
jour. L'animal sans peau, mis à nu pour toujours, méta-
morphosé en cette forme exempte de toute mue future
comme ces organismes qui, au fond des courants,
deviennent vulnérables et cherchent, étourdis,
n'importe quelle coquille, la moindre faille au roc,
voilà bien, songes-tu, comment il t'est possible de bou-
ger, d'avancer au milieu de ce lit dans l'affolement
des tempes et des membres croisés.

6

C'est lorsqu'il n'y a pas encore de lumière que tes doigts sont le plus agiles. Ils dessinent dans l'air des formes allongées qui ressemblent si peu aux contours des cartes que tu crois un moment avoir tout oublié des musiques et de l'eau. Dans cette chambre, tu te tiens aussi tranquille que le navigateur qui contourne le cap quand le vent souffle à peine. Tu imagines Ulysse, les sirènes et les rives. Tu songes que ton retour est l'envers du sien. Il se fait sans combat, sans gestes mémorables. Il se fait dans la nuit quand les os de tes côtes se soulèvent seuls et sont l'évidence même que quelqu'un est bien là, occupé dans le noir à vivre dans ses viscères qui sont assez nombreuses et très biologiques.

7

Tu sais que l'unique façon de se tenir dehors, loin de la bête et de sa horde, est de rester ainsi, couché et calme dans l'espace de ta chambre. L'immobilité, celle du fil à plomb ou du pendule au-dessus des images, est un rêve infini pour qui est sans sommeil. La nuit, malgré l'humidité de l'air qui traîne sur ta peau, le noir qui persiste sur les murs et au lit, est agitée dans tout son extérieur. Le réel est partout. Il n'y a que ta langue qui, lorsqu'elle s'avance entre les dents aussi bien qu'entre les lignes des romans de voyages, réussit juste un peu à garder quelque chose des territoires foulés. Seule ta langue marche. Elle le fait comme quelqu'un tenant à bout de bras un miroir vertical afin de reconnaître les lieux dont il s'éloigne. Étendu ou replié, le réel te rejoint et cela ne veut rien dire, même démesurément.

8

«LEVEZ-VOUS.» Il y a cette rumeur que l'on entend parfois. Mais cette femme étalée, horizontale dans tous ses mouvements, t'invite davantage au luxe, aux caresses. Sa voix au fond de ton oreille remonte dans le temps. Elle récite à l'envers des histoires de femmes que les légendes d'hommes ont fait mourir pour rien. Tu apprends avec elle l'origine des fétiches, les premières images d'où sont nées les idoles. Elle parle des oracles, de ce qui vient des bouches. Le réel s'articule dès les phrases initiales. En te léchant le lobe, elle te chuchote en clair qu'il n'y a là aucun rite magique, aucune cérémonie et qu'il vaut mieux, si l'on rêve de s'enfuir loin des impératifs, demeurer dans le lit.

9

Que devient-on quand l'espace de sa chambre n'est plus reconnaissable et que la seule forme que l'on comprenne de soi est l'ovale dessiné par la laine d'un tapis? Dans ta chambre qui est aussi un temple, une bibliothèque, une ville et un ventre, une géographie où la mémoire échoue, tu attends en lisant sur les lèvres d'une femme que la nuit se termine comme n'importe quoi. Dans le temps qui avance tu n'as plus aucun rôle. Tu ne construis plus rien, tu ne combats plus rien. Tu es un indigène accroupi dans la race, enfoncé sous les feuilles, qui frappe dans ses paumes quand la représentation, les images et rites s'achèvent tous à la fois. Bientôt, pleines lumières allumées, tu pourras regarder du plus chaud des tropiques ce qui est advenu de ton visage et de tes os, si jamais il est vrai que quelque chose advint.

## 10

Avances-tu dans ce siècle à la vitesse qu'il faut pour bien voir sous la porte au fond de ce filet les bancs de crustacés se gaver en silence? Bouges-tu, tournes-tu d'une épaule à une autre avec au creux des jambes, des sexes de toutes sortes sous les draps, sous les mots multiples et cadencés comme autant de reflets et d'écailles aux nageoires dorsales? Dans la folie du siè-cle, du cauchemar, de son sens à tout prix, tu choisis le gratis, l'improbable du genre. Tu rêves, agité, à l'eau morte de Venise, aux bâtisses qui coulent comme autant de cadavres que l'on jette en pleine mer parce que sous le soleil déjà tôt le matin les chairs faisan-daient comme une page de livre où les phrases ne fabri-quent que des images sans plus, puisque le réel n'a nul besoin de toi.

## 11

Que fait-on des figures et de la rhétorique quand la nuit est sans fin et qu'il n'y a d'émotions qu'à travers les formes? Car depuis le début, aussi bien dans tes chairs que dans celles de cette femme véritablement nue jusque dans son langage, tu sais bien que rien ne pourra jamais assagir les fétiches. Dans l'improbable de ta vie, il ne te reste plus que les acharnements, sans combat et sans lutte, seulement les abandons comme lorsque l'on veille contre sa propre mort. Voilà bien ce que fait cette femme près de toi. Et c'est les mains aux sexes, aux fesses, aux moindres orifices, dans la répétition d'une série de gestes où le néo-cortex fait un vrai fou de lui, que la nuit se prolonge au cerveau reptilien.

Avec tes os et tous les livres empilés sur la table de
chevet, tu imagines que retourner sur ses pas ne peut
se pratiquer que par l'ellipse comme lorsqu'on dit:
«Voilà, je suis revenu», ou encore: «J'ai terminé ce
livre à présent.» Tu es *de nouveau* dans ton lit, te dis-
tu; mais peut-être y as-tu *toujours* été. Il se peut que
tu n'aies jamais quitté ta chambre non plus qu'aucun
livre, comme il est possible que tu n'aies voyagé de
la banquise à la brousse que par la bouche de cette
femme étalée dans le noir. On voit si mal dans la nuit
que parfois on cherche à l'extérieur des murs d'une
chambre ce qui fait le réel. Tapi au fond de la langue,
enfoncé sous les feuilles, il y a quelqu'un ou quelque
chose qui laisse s'éloigner la tribu toute entière
puisqu'on sait bien qu'elle n'est pas assez païenne.

## 13

Lorsque, sans les nommer, tu reviens aux livres reflétés dans le verre du miroir de Venise, tu cherches à comprendre si tous ces récits qui parlent de baleines, des îles aux lotus, des mystères dans la brousse, des vieilles peurs mythiques, ne raconteraient pas, par les plus grands détours, ce désir qu'il y a, dans chacun des organes, de rester immobile, étendu le plus longtemps possible au milieu de son lit comme lorsque l'oreille de l'enfant dans ses draps se fixe au moindre mot qui fabrique une histoire. C'est la fascination qui s'amorce de la sorte sachant bien qu'il y a dans la langue quelque chose qui parle de ta propre fin.

## 14

Le réel te rejoint par-delà les histoires des livres reliés;
le réel te rejoint car il n'y a nulle grotte, nulle caverne
où remiser tes membres. Il n'y a pour tes jambes que
le monde étalé qui vient se résumer dans l'espace de
ton lit où avec une femme tu avances dans le temps.
Patiemment, vous veillez contre la nuit. Vous guettez
sous la porte la lumière du jour qui viendra, croyez-
vous, comme un pan de mémoire païenne et orphe-
line. Vous savez, à présent, qu'on ne fuit jamais rien,
que tout au plus on se déplace comme dans un laby-
rinthe où, des couloirs aux chambres, on répète sans
fin des trajets de toutes sortes; on relit de vieux livres,
on rit de vieilles blagues, on se caresse encore et puis
on recommence jusqu'à ce qu'à la fin on meure d'épui-
sement comme à peu près tout le monde, de la terre
dans la bouche.

Tu sais ce qu'il en est du volume de la nuit dans laquelle tu avances couché de tout ton long. Tu souris à la femme qui est là avec toi et lui fredonnes un air rappelant les comptines que les enfants dehors répètent sans arrêt. Dans ta chambre rien n'advient si ce n'est par ta voix la mémoire des voyages. «Faire le tour de la nuit» dis-tu finalement, c'est peut-être cela qu'il y a dans toute histoire, dans chaque déplacement de la langue dans une bouche. Tu as la certitude qu'on navigue sans fin d'une figure à l'autre comme des forcenés qui creusent vers un trésor ignorant parfaitement que le vieux coffre est vide à l'image même de tous ces coquillages rejetés le matin sur les rives de sable et qu'on foule sous ses pieds sans s'en apercevoir parce qu'on regarde au loin la lumière dans l'air.

# Cinquième avancée

*La fin n'est qu'imaginaire, c'est une destination qu'on s'invente pour continuer à avancer, mais il arrive un moment où on se rend compte qu'on n'y parviendra jamais.*

Paul AUSTER,
*Le voyage d'Anna Blume*

# 1

Seul au milieu de la dernière chambre, le géomètre lève la tête et regarde vers le bleu du ciel. Il ne s'enfuit pas par les airs; les ailes du fils sont inutiles. L'espace lui apparaît tel un souvenir dépeuplé. Il reste là comme quelqu'un qui aurait tout le temps d'aménager les signes jusqu'à sa propre mort. Il songe qu'il n'y a que les héros qui s'envolent de l'enceinte et chutent dans la mer. Il est debout dans ce qu'il a construit. À chaque avancée, un peu plus, il sait que les figures et les bruits du monde viennent échouer dans son crâne, imprimer au cortex des images que seul le temps peut ranimer en représentation équivoque. Il habite de la sorte un peu plus sa mémoire comme s'il s'agissait d'un lieu acclimaté.

## 2

Adossé au mur de pierre, cette posture lui rappelle une époque éloignée où des êtres colorés comme dans les carnavals s'acharnaient aux surfaces du territoire. Il était de la tribu même s'il se tenait à distance. Cela lui permettait de dessiner sur les parchemins qu'il tenait sous son bras la ligne des totems. Il travaillait par oreille, selon la seule rumeur qu'il entendait de la débauche du monde. Il souhaitait reconnaître dans les figures qui prenaient forme devant lui, quelque chose, n'importe quoi rendant intelligible l'espace dans lequel depuis toujours il se mouvait. Au fil de ses foulées, il cherchait à la fois la bête osseuse, blanche, et des signes de son histoire sur son propre visage.

3

C'est avec sa langue qu'il tentait d'approcher le cha-
hut du monde et, d'un mouvement de mâchoires, édi-
fier ce qui y conduisait. Il oscillait comme le pendule
au-dessus des cartes, en spirales complètes et infinies.
Quand il se souvenait de ce qu'il avait fait, il éprou-
vait dans son crâne une sorte d'étonnement devant
l'inachèvement de sa tâche. Au début, les deux pieds
dans la boue, il croyait qu'avec du temps et aussi un
peu d'espace, il lui serait possible de réduire au silence
la machine de mort, cette force hybride et hurlante
recluse au plus creux du cachot. Il sait à présent qu'il
n'y a dans les profondeurs du sol qu'un tumulte sans
forme qu'il faut abandonner à lui-même si l'on veut
demeurer à la surface des choses, étalé et semblable
à tous les océans.

4

Devant lui il y avait toujours eu le monde écrit et celui qui ne l'était pas. Ils existaient, pensait-il, en parfaite contiguïté. Ces espaces se dépliaient alternativement dans sa mémoire et fabriquaient ainsi ce qu'il appelait l'histoire de son temps. Il avançait dans la superficialité des choses, dans ce qu'elle avait d'irrémédiablement présente et immédiate. Il comprenait, maintenant qu'il regardait son fils s'envoler comme un fou, que même le fond des mers, la profondeur des courants sous-marins n'existent que par leur étalement. Il imaginait le réel se condenser, s'aplatir et durer sans autre perspective. Sous ses pas, le sol n'avait jamais été qu'une aire de déplacement où venait s'effondrer la masse des totems. Le moindre mouvement dans la ligne d'horizon lui semblait la façon la plus sûre de devenir païen.

# 5

Il n'y aura de fin qu'au moment où il s'affaissera pour ne plus se relever. Il sait bien que c'est seulement ainsi que l'on sort de la langue au même moment que les fétiches et les autres artifices. Mais, puisque à présent il est encore debout dans la lumière du jour, il lui faut continuer comme les navigateurs le faisaient sur les vagues. Parfois, il se dit que son itinéraire va selon le hasard et que rien ne fonde les images qui se forment aux parois de son crâne. À la surface du monde écrit, la nature n'existe pas et quand il se retrouve avec les vieux crustacés des fonds marins, c'est qu'il se meut dans la bouche de quelqu'un comme les sonorités qui éclatent dans l'air.

# 6

Il ne peut s'extraire du temps non plus que de l'histoire. Où qu'il habite, le réel le rejoint comme une part de lui-même, celle de l'animal aux odeurs qui couvent longtemps dans les airs. Il était illusoire de penser qu'il pouvait avec son compas, ses feuilles et ses dessins, faire tenir au papier les récits et les fables dans leur totalité. Le monde non écrit existera toujours, sans secret, sans trésor introuvable à jamais. À chaque phrase, chaque ligne tracée, le monde non écrit recule ce qu'il faut et laisse devant lui l'espace nécessaire à la phrase suivante. C'est ainsi qu'on peut imaginer le réel païen dégagé des fétiches, de ces formes allongées qui malgré leur allure occupent le monde écrit.

7

Il entrevoit à présent ce qu'il en est de sa mémoire.
Il n'y avait là aucune profondeur, aucun enfoncement
dans le passé du monde non écrit. Elle n'était qu'une
carte marine où les souvenirs, comme une tribu
nomade des tropiques, se déplaçaient sans arrêt et prenaient, selon l'angle de l'itinéraire, l'aspect d'un ventre
ou celui d'une bibliothèque. Sa mémoire était quelque chose qui littéralement flottait à la dérive. Elle ne
lui enseignait rien, ne lui était d'aucune aide au territoire arpenté; elle était, dans l'histoire de sa vie, une
sorte d'amulette que l'on porte sur soi pour éloigner
le sort. C'était de cette façon que son crâne conjurait
le temps, c'était ce qui toujours détruisait tous ses
plans.

# 8

«OUBLIEZ TOUT.» Cela s'articulait comme la parole des chefs qui, sur le point de mourir, laissaient à la tribu ce dernier tatouage. La phrase résonnait au cerveau comme un appât qu'on laisse aller à la surface de l'eau. L'amnésie le séduisait, elle était cette force qui, lorsqu'on s'y abandonnait, effaçait chaque mot de la surface de la terre, réduisait l'étendue du monde écrit jusqu'à l'oubli même du premier dialecte. Malgré tout, il y avait toujours en lui une façon de résister à cette disparition. Il luttait ainsi. Il aurait souhaité se souvenir de chacun de ses gestes, de toutes les paroles qui l'avaient conduit à cette dernière chambre même si cela ressemblait à bien des chemins battus. Il imaginait que seule la mémoire lui permettait de ne pas sombrer dans l'espace informe qu'on trouve hors de la langue.

9

Maintenant, il est revenu sur ses pas, il est sorti des couloirs, il est remonté à la surface, dans la lumière et l'air du jour et il a le sentiment que le temps se poursuit, qu'il n'est plus, comme lorsqu'on est dans l'ombre, une masse inerte et affaissée. Le temps devient réel et fait durer les choses. Il n'y a que les mots alignés et filés pour l'habiter à la façon de la tribu dans la brousse. Puisqu'il ne compte plus son temps, il imagine des scènes où l'on voit des crimes symboliques se répéter sans cesse, des parcours se défaire et un cerveau se dévider comme une balle de laine. Il vit les derniers moments des fétiches malades. Là où il habite, le temps tourne sur lui-même et emporte avec lui les figures de l'Histoire.

10

Le géomètre ne sait plus sous quel climat se déroule sa vie. Les continents et les signes qu'il aperçoit sur le sol ne sont que des décombres d'une époque lointaine où les vivants imaginaient des mises en scène orchestrant pour toujours le sort du monde et celui de l'espèce. Le réel était une collection de fables que des vieillards assis racontaient à voix basse. Rien ne bougait si ce n'étaient les bouches dans les airs. Le monde était immuable et incompréhensible. Il n'y avait que les pays et les peuples improbables qui éprouvaient l'incertitude de leur territoire. Le géomètre sait bien qu'en regardant voler son fils au-dessus de l'eau, il assiste, solitaire, au dernier luxe, à l'ultime risque de la noyade en mer. Quand cela adviendra, il aura le sentiment d'avoir les yeux fixés sur la page d'un livre écrit de mémoire comme s'il s'agissait d'un carnet de voyage à l'usage exclusif du touriste étranger. Au moment de cette fin, il a la certitude que cela se fera sans tragédie aucune.

11

Même aujourd'hui le géomètre devine que là où il se tient, l'extrémité du pays n'est toujours pas atteinte. À présent, il est évident qu'il s'est déplacé dans une sorte de non-lieu, une géographie qui n'a de réel que le parchemin roulé sous son bras. Les pas du géomètre ne l'auront jamais mené ailleurs qu'au-dedans de la langue. Il habite le monde écrit beaucoup mieux que n'importe quel autre espace. C'est là qu'il respire le plus librement en dépit des odeurs de carbone et de suie qui saturent l'air. Le géomètre oppose à ces particules un bavardage sans fin, un murmure obstiné, une construction sonore qui se métamorphosent à chaque mouvement de la langue au palais et qui sonne familier lorsque l'on tend l'oreille.

12

Il ne fait pas partie de ce qui dure. Ce qu'il dessine dans sa tête a la précarité des phrases rédigées au sujet du réel. Le réel se déplace et s'agite selon qu'on marche aux couloirs, là où les violences symboliques n'assassinent personne mais fabulent la mort pour mieux se détourner de celle qu'on n'écrit pas, selon qu'on se tient dans un lit au plus près de ses membres pour qu'une langue lèche et que des doigts caressent, selon qu'on a entre ses mains un livre racontant une histoire de baleine, ou de temple perdu, selon n'importe quoi. Il se rend compte qu'il s'efforce de se mouvoir dans ce qui se meut avec l'unique intention de résister à l'inertie que les fétiches imposent aux yeux qui les regardent. D'une certaine façon, il a toujours refusé d'entrer dans les temples où l'histoire s'accomplit comme un fait de nature.

13

Le silence des choses dure depuis toujours et il sait bien que ce ne sont pas ses gestes ni ses phrases écrites à la surface du sol qui viendront d'une façon quelconque l'abolir même un peu. Il y a dans l'évidence du monde la dureté de la pierre. La nature est muette, la terre n'a pas de signes et elle est accomplie. Rien ne peut s'ajouter à ce qui est immédiat si ce n'est l'assurance que sa langue n'a rien à achever, parfaire ou combler. Quand il regarde ses plans, ses cartes marines et ses notes de voyage, il ne peut s'empêcher de sourire à l'idée que cela tient dans le creux des deux mains et n'a avec le monde qu'une parenté incertaine. Il sait qu'entre ces deux espaces, le va-et-vient est improbable sans plus. Cela le satisfait.

Puisqu'il ne peut imaginer la fin de son voyage, il lui faut sans cesse avancer à la dérive, sans autre plan que celui des pulsions de la mémoire. Plus il se déplace, plus il emprunte les traits du primitif accroupi dans les feuilles. Cette posture fait de lui un animal nomade ne connaissant de l'espace qu'il franchit que la superficie de la terre sous ses pieds. Il ne sait rien de la profondeur de la brousse. Elle existe si peu pour qui bouge toujours. Les signes sont pour lui des balises, des repères dont la présence règle de façon provisoire le sens de sa marche. Il s'aventure littéralement dans la durée comme une flèche flotte dans l'air. Il a le sentiment que c'est ainsi, loin des fétiches fixés à même le sol, qu'il peut diriger son œil dans la ligne d'horizon.

Une dernière fois, il se déplie comme une mappemonde et il quitte pour toujours la forme ovale. Quand on le regarde de près et avec attention, on voit que tous les continents ont été ébauchés sur la peau d'une bête effondrée dans sa marche de l'Équateur au pôle quand la tribu nomade n'arrêtait que la nuit pour entendre les récits et les fables des femmes les plus vieilles. Les rives des pays, les mers, et les navires sont tracés au fusain, au charbon. La poussière de carbone tient si peu dans les pores que lorsqu'on respire devant cette toile, même faiblement, le souffle emporte avec lui les bornes, les frontières, les dessins et les mythes. C'est ainsi que le géomètre disparaît et qu'il entre dans l'histoire de ce qui n'est pas encore écrit. Rien ne subsiste alors des signes et des images qu'une main imprimait sur le rouleau du monde.

# TABLE

# COLLECTION «THÉÂTRE»
## déjà parues

éditions LES HERBES ROUGES

COLLECTION DE POCHE TYPO

*Cet ouvrage composé en Times corps 14*
*a été achevé d'imprimer*
*aux Ateliers Graphiques Marc Veilleux*
*à Cap-Saint-Ignace en août 1990*
*pour le compte des*
*Éditions Les Herbes rouges*